ISBN 978-3-314-10072-7

Besuchen Sie uns im Internet: www.nord-sued.com

Sebastian Loth

Gans anders

NordSüd

Gans SCHNECKE
bin ich überall zu Hause, wohin ich auch krieche.

Gans ELEFANT
habe ich Angst, einen rüsselgroßen Schnupfen
zu bekommen.

Gans BIENE
habe ich viele Freunde, die mit mir
Honig naschen.

Gans CHAMÄLEON
liebe ich jede Farbe, die mir begegnet.

Gans GIRAFFE
ist mein Hals so lang, dass ich schon von Weitem
sehen kann, wer mich besuchen kommt.

Gans GLÜHWÜRMCHEN
leuchte ich im Dunkeln und
habe gar keine Angst in der Nacht.

Gans TINTENFISCH
hinterlasse ich überall meine Tintenspuren.

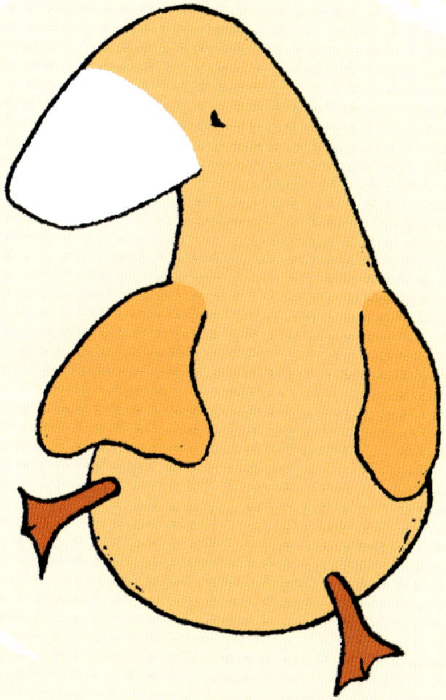

Gans PFAU
fühle ich mich wunderschön
mit meinen bunten Federn.

Gans MARIENKÄFER
bringe ich jedem Glück, der mich findet.

Gans WAL
fühle ich mich ganz schwerelos, wenn ich
im Wasser schwebe.

Gans SCHMETTERLING
war das Fliegen schon immer
mein Traum.

Das bin ich.

Ganz GANS…

für Dagmar

Danke an:
Daniela für die Unterstützung – Bernd und Birte für das Brainstorming – Andrea für die Zusammenarbeit – Theo für den Klee – Barbara für die Bienenwaben – Silke für die Pfauenfedern – Claudia für den Konjunktiv und Dagmar für die Inspiration – ohne dich wäre dieses Buch nicht entstanden!

Und an alle, die bei der Auswahl der Bilder geholfen haben.